课后半小时
小学生阶段阅读

文化基础 ✕ 自主发展 ✕ 社会参与

社会交往

课后半小时编辑组 ■ 编著

培养高情商

022

北京理工大学出版社
BEIJING INSTITUTE OF TECHNOLOGY PRESS

第 1 天 万能数学 〈数学思维

第 2 天 地理世界 〈观察能力　地理基础

第 3 天 物理现象 〈观察能力　物理基础

第 4 天 神奇生物 〈观察能力　生物基础

第 5 天 奇妙化学 〈理解能力　想象能力
　　　　　　　　化学基础

第 6 天 寻找科学 〈观察能力　探究能力

第 7 天 科学思维 〈逻辑推理

第 8 天 科学实践 〈探究能力　逻辑推理

第 9 天 科学成果 〈探究能力　批判思维

第 10 天 科学态度 〈批判思维

文化基础 ◆　科学基础　　　　　　　科学精神　　　人文底蕴

核心素养之旅
Journey of Core Literacy

　　中国学生发展核心素养，指的是学生应具备的、能够适应终身发展和社会发展的必备品格和关键能力。简单来说，它是可以武装你的铠甲、是可以助力你成长的利器。有了它，再多的坎坷你都可以跨过，然后一路登上最高的山巅。怎么样，你准备好开启你的核心素养之旅了吗？

第 11 天 美丽中国 〈传承能力

第 12 天 中国历史 〈人文情怀　传承能力

第 13 天 中国文化 〈传承能力

第 14 天 连接世界 〈人文情怀　国际视野

第 15 天 多彩世界 〈国际视野

第 16 天 探秘大脑 〈反思能力

第 17 天 高效学习 〈自主能力　规划能力

第 18 天 学会观察 〈观察能力　反思能力

第 19 天 学会应用 〈自主能力

第 20 天 机器学习 〈信息意识

学会学习

自主发展

健康生活

第 21 天 认识自己 〈抗挫折能力　自信感

第 ㉒ 天 社会交往 • 社交能力　情商力

社会参与 ◆　**责任担当**　　　**实践创新**　　　**总结复习**

第 23 天 国防科技 〈民族自信

第 24 天 中国力量 〈民族自信

第 25 天 保护地球 〈责任感　反思能力
　　　　　　　　国际视野

第 26 天 生命密码 〈创新实践

第 27 天 生物技术 〈创新实践

第 28 天 世纪能源 〈创新实践

第 29 天 空天梦想 〈创新实践

第 30 天 工程思维 〈创新实践

第 31 天 概念之书

卷首

4
社会交往的智慧

社会交往的智慧

很高兴你能翻开这本书，这是一本关于社会交往的书。我们生活在这个世界上，总免不了与人打交道，有的人和我们趣味相投，成了我们的朋友；有的人则是萍水相逢，仅有一面之缘；还有的人从我们出生起，就是我们抱以足够信任的人，比如我们的爸爸妈妈、兄弟姐妹……但不论是谁，我们在与他或她相处时，其实都是需要智慧和方法的。

想一想，当你进入一个新的班级，面对着陌生的新同学，你会怎么做呢？当你和你的好朋友发生冲突时，你又会怎么解决呢？当爸爸妈妈吵架时，你知道该做些什么吗？当爸爸妈妈误解了你，你是会独自伤心还是主动化解呢？当你觉得爸爸妈妈更偏爱你的兄弟姐妹时，你会不会向爸爸妈妈直接说明呢？当别人和你持有不同的想法时，你会不会试图改变他呢？

如果这些问题，你还不知道答案，那就继续看下去吧，相信这本书会给你一个"惊喜"！在你完成这本书的阅读之后，我有信心你将能更得心应手地处理你的人际关系，能交到要好的朋友，能有融洽的家庭关系，也能从容地进入社会，和不同立场、不同想法的人和谐相处。孔子说："君子和而不同，小人同而不和。"希望这本书可以在你做一个"君子"的路上起到一点作用，可以给你带去一些与人相处的方法和智慧。

陈宏程
教育部课程教材研究所和人民教育出版社
新课程标准教材培训团专家

很高兴认识你！

撰文：的的

欢迎大家来到新班级！下面请同学们依次到讲台上来做一下自我介绍……

新的学期开始了，团团进入了新的班级，也将面临更多的挑战。这不，刚到新班级的第一天，他就迎来了第一个挑战——自我介绍。对性格偏内向的团团来说，上台在大家的注视下做自我介绍，可不是一件简单的事。虽然团团很高兴认识大家，也很想和大家做朋友，但是他一上台就会很害羞，很紧张，也不知道该说些什么才好。你做自我介绍时，会不会像团团一样紧张得不知所措呢？

很高兴认识大家，我叫团团，所以我很喜欢圆圆的东西，比如足球，我会踢足球……

▶延伸知识

自我介绍说些什么？

我们在做自我介绍时，首先，可以用比较有趣的方式说出自己的名字；其次，可以说一下自己的兴趣爱好，吸引聊得来的朋友；最后，还可以说一下自己的特长，让老师和同学们能更快地记住自己。

▍主编有话说

你想过吗，大家相处久了自然会认识，为什么非得做自我介绍呢？其实，自我介绍是帮助老师、同学迅速认识和了解我们的一种方式，也能让我们更快地融入新的班集体。

糟糕，爸爸妈妈吵架了

撰文：的的

今天，团团家里传来了很大的争吵声。原来是妈妈出差回来后，发现团团的学习成绩下降了很多，便责怪爸爸没有好好督促团团学习。可爸爸却觉得，团团和妹妹现在还小，快乐才是最重要的。于是，他们便吵起来了！

爸爸妈妈的争吵声让团团和妹妹觉得害怕，他们不敢出去，只能躲在房间里。团团作为哥哥，强忍住害怕安慰妹妹，可他心里早已冒出了很多想法：是不是因为我不乖，爸爸妈妈才吵架的？他们会不会离婚？我和妹妹要没有家了，该怎么办呀？团团的内心充满了无助和不安。如果你是团团，你会不会为这样的情况担心呢？

秘密日记

爸爸妈妈今天吵架了，直到晚上才和好了，因为爸爸给妈妈做了她爱吃的茄子。我知道他们是为了我和妹妹好，只是方式不一样，所以才有了这次的争吵，总是会过去的。不过，我还是不喜欢他们吵架，下次一定要站出来阻止他们！

社会交往中心的三座岛

撰文：的的

在生活中，我们总是需要与他人相处，

比如朋友、家人等等，这些都属于社会交往。

社会交往中心有三个处理区，就像是三座岛：

伙伴岛负责处理与朋友、同学交往的各种事情，

家庭岛在我们和家人相处时启用，

社会岛是帮助我们和世界打交道的地方。

接受每个人的不同

撰文：豆豆菲
美术：Studio Yufo

团团鼓起勇气，上台做完了自我介绍，那他能不能在新班级交到朋友呢？我们一起来看看吧。

朋友之间也会有矛盾

撰文：的的

主编有话说

团团和小北产生矛盾，是因为他们没有换位思考，如果能够站在对方的角度看问题，误解就会变成理解。团团理解了小北的苦闷就不会推他；小北理解了团团的急切就不会不让开位置了。所以我们与人相处，要学会换位思考。

这天早上，团团想上厕所，便让好朋友小北让一下，可小北眉头紧皱，一动也没动。团团觉得小北是故意不想让的，气急之下就伸手推了小北。这下小北也不高兴了，站起来质问道："你干吗？"就这样，团团和小

北闹矛盾了，谁也不理谁。

等到团团冷静下来，回想起和小北以前相处的点点滴滴，就主动找小北询问原因。通过询问他才了解到，小北原来是因为考试没考好，一直在想怎么跟妈妈交代，所以才没听见自己说话的，不是故意发脾气的。就这样，团团和小北互相理解了对方的想法，矛盾迎刃而解了，他们也还是好朋友。

敲黑板 和朋友闹矛盾了，该怎么办？

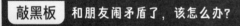

 首先在事情发生时要保持冷静。

不要像团团那样动手推人！

 然后要进行沟通，说明彼此的想法和情况，消除误会。

团团主动询问就做得很对！

最后真诚坦率地承认错误或者接受对方的道歉！

这样大家就还是好朋友！

▶随手小记

己所不欲，勿施于人。以责人之心责己，恕己之心恕人。当我们爱别人的时候，我们也希望别人爱我们。

向欺负说"不"

撰文：豆豆菲
美术：Studio Yufo

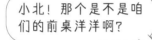

上下求索 ● EXPLORATION

大人有时候也会很不冷静

撰文：的的

家是我们温暖的港湾，爸爸妈妈就像是我们的避风港，不管发生什么事，我们都能在爸爸妈妈的怀里感到安心和温暖。那你想过吗？爸爸妈妈也是普通人，会有自己的苦恼和情绪，也会有很不冷静甚至吵架的时候。这个时候，或许我们会有这样的担心：

爸爸妈妈在吵架，他们就要离婚了！

我就要没有家、没有爱、没有亲情了……

都是因为我，他们才会吵架的……

我就要变成"灰姑娘"，没人要了。

爸爸妈妈，我好害怕呀！

主编有话说

在爸爸妈妈吵架时，我们可以适时地充当一下"灭火器"的角色，想办法让他们停止争吵，平静下来，这样才能找到解决问题的办法哦！

如果我们真这么想的话，就大错特错了。因为就算爸爸妈妈真的离婚了，他们还是会像之前那样爱我们的，会给我们做好吃的，会陪我们玩游戏，会给我们买新衣服和新玩具……要知道无论发生了什么，爸爸妈妈永远都是我们的爸爸妈妈，永远爱我们！况且，几乎每个人的爸爸妈妈都会吵架的，他们在气头上说的话可不能当真。

为什么受伤的总是我？

撰文：豆豆菲
美术：Studio Yufo

社会岛来活儿了

撰文：李梓涵

社会交往中心有三座岛，其中处理外面世界各种信息的就是社会岛。

这天，团团和好朋友小北一起约好看球赛，可团团在球场门口等了很久，小北都没有出现。

主编有话说

内因和外因

我们在解释一件事情时，总是喜欢找原因：做错题是因为马虎，感冒是因为降温……其中，有些原因是跟自身有关的，比如睡懒觉、马虎，这叫内因；有些是跟外界环境有关的，比如堵车、降温，这叫外因。

团团便开始思考：小北为什么会迟到呢？是他睡懒觉了，还是路上堵车了呢？一番左思右想后，团团得出小北不守时的结论，决定不等了。

这时，小北拿着两瓶饮料跑了过来，说是自己为了买饮料才迟到的。团团一听，原来是这个原因，选择了原谅小北。于是，两个人一起看球赛去了。

支持哪一方？

撰文：的的

团团看球赛时，发现自己支持的球队进球失败，正觉得十分可惜，旁边却传来了一声喝彩。原来坐在旁边的观众支持的是对方球队，团团顿时感觉很不可思议，站起来与他理论。可那人也不甘示弱，觉得团团才是眼光不行……在这件事上，你觉得团团和那位观众谁对谁错呢？

没错！支持谁是团团的自由，但在做出自己选择的时候，团团也应该尊重和理解立场不同的观众。所谓"萝卜青菜，各有所爱"，由于受到喜好、立场、思维方式和知识等多方面的影响，人们对同一件事情、同一个物品或者同一个人会形成完全不同的认识，这是一件很正常的事情。

▶ **随手小记**

生活中类似这样的情形有很多，就像有的人喜欢吃臭豆腐，觉得它虽然闻着臭但吃着香，有的人却对臭豆腐敬而远之；爷爷奶奶喜欢听京剧，而小孩子却怎么也听不下去，更喜欢看动画片……

▶ **随手小记**

我们要做的，就是尊重每个人不同的选择，而不应该强求别人和自己一样哦！

现实社会非常复杂，充斥着形形色色的人、五花八门的信息和各种各样的变化，对此，我们应该如何应对呢？

最重要的当然是要有独立思考的能力！

培养独立思考的能力

撰文：豆豆菲

上下求索 ● EXPLORATION

在发表意见前，一定要了解清楚事情背后的实际情况，不要轻易下结论。

事情背后往往有着错综复杂的原因，只看到表面或只看到部分情况就做出的判断，往往是片面的。

要多注意自己在做判断时是不是受了别人的影响，要避免先入为主的印象和盲目从众的行为。

在人群中，相互影响是正常的，好的影响还会起到正向的作用，但在这个过程中不要丢掉自己的思考和判断，不需要或者不应该跟随他人的时候要学会保持独立。

还要多看书，丰富自己的学识，学会从不同方面去看待一件事情。

看书不仅能增长知识，还能带我们了解世界的广阔和多样，培养深入思考的能力，让我们学会从不同的角度去看待问题。

陈宏程

教育部课程教材研究所和人民教育出版社新课程标准教材培训团专家，中学生物高级教师。担任《青少年科技博览》杂志特约编辑、中央电视台科教频道"神奇之窗"栏目顾问获全国优秀科技教师、北京市十佳科技教师等荣誉。

如果有一天，好朋友在考试时让你给他传答案，你陷入了一个两难的境地：一边，你是他最好的朋友，应该在他需要帮助时帮助他，所以为了维护你们的友谊，应该把答案传给他；可另一边，你又觉得考试作弊是错误的，好成绩不应该靠不正当的手段获得。这时候的你，会怎么选呢？是为了"义气"而作弊，还是坚持原则拒绝好朋友呢？

好朋友让我帮他作弊，我该不该答应呢？

答 对于这个问题，我们不用觉得为难和纠结，答案当然是坚持原则，拒绝帮好朋友作弊。要知道，友谊需要信任和忠诚，但绝对不能没有原则！"讲义气""够朋友"并不等于不加分辨地为朋友做任何事情；当朋友要做错误的事情时，我们不阻拦却帮忙，反而会伤害朋友，伤害友谊。

┃主编有话说

朋友对一个人的影响是很大的，人们的言谈举止、兴趣爱好甚至性格等，都会或多或少地受到朋友的影响，然而这并不代表要和对方一模一样。相似性让人们相互吸引成为朋友，而独特性则彰显了个人的不同。所以，不需要成为别人，做自己才是最酷的！

青出于蓝

怎么和**朋友**相处呢？

与朋友相处的10条黄金准则，一次性分享给大家！

黄金准则

第一条：真诚。
　　朋友之间一定要真诚相处，真诚是朋友间最基本、最起码的要求和原则。

第二条：信任。
　　朋友之间要相互信任！信任是友谊的加固剂。

第三条：不欺骗。
　　向朋友说谎要不得！谎言会让友谊蒙上怀疑的阴影。

第四条：敢认错。
　　发生争吵了怎么办？坦诚认错和真心接受道歉是和好如初的秘诀！

第五条：相互尊重。
　　好朋友之间要相互尊重，尊重对方才能获得对方的认可，尊重是真诚的证明。

第六条：有错要说。

　　发现朋友的错误却不去纠正，等于在帮助朋友犯错。当然，说话的方式可以委婉一点儿。

第七条：保守秘密。

　　朋友愿意分享秘密是因为信任，保守秘密是在保护你们的友谊。（例外情况：当你觉得这个秘密是一个危险信号时，要告诉你信任的大人，请他们帮忙。）

第八条：关怀体贴。

　　生病时的一句慰问，失落时的一句鼓励……你的关心，好朋友都能感受到!

第九条：保持距离。

　　亲密无间也要留出空间，朋友之间和而不同，才让每个人都闪闪发光。

第十条：共同进步。

　　真正的友谊会使人进步。相互激励，共同成长，我们会成为更好的自己!

青出于蓝

怎么和家人相处呢?

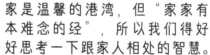

家是温馨的港湾,但"家家有本难念的经",所以我们得好好思考一下跟家人相处的智慧。

我觉得非常必要!

→ 被爸爸妈妈误解了怎么办?
当然要想办法解开误会!

自己悄悄生闷气、搞恶作剧或者故意闹脾气,都是不明智的做法,这些做法不但会让爸爸妈妈更加误解你,也会让自己的情绪变得越来越糟糕。

出现误解的时候正是锻炼自己沟通能力的绝佳机会,对方是自己的爸爸妈妈,是自己最亲近的人,有什么事情不能跟他们好好说呢?

➡ **与爸爸妈妈发生矛盾冲突时该怎么办?**
可以分步骤来思考和解决:

首先,我们要理解,爸爸妈妈都是普通人,也有自己的苦恼和情绪,也会有不理智的时候。我们不能事事都要爸爸妈妈理解和包容自己,有时,我们也可以试着去理解和包容爸爸妈妈。

其次,在与爸爸妈妈发生冲突的时候,尽量不要极力争辩。这个时候,自己和爸爸妈妈可能都会比较冲动,说出的话很可能也是不合适的。想办法停止争吵,让彼此回归平静,才是应该做的事情。

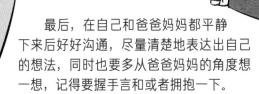

最后,在自己和爸爸妈妈都平静下来后好好沟通,尽量清楚地表达出自己的想法,同时也要多从爸爸妈妈的角度想一想,记得要握手言和或者拥抱一下。

➡ **碰到爸爸妈妈吵架该怎么办?**
这个确实比较难办······

其实,几乎所有的夫妻都会吵架,所以可能也没有你想的那么严重。千万不要自己吓自己,更不要去做那些破坏东西和伤害自己的事情。

当爸爸妈妈吵架时,你可以选择"回避"一下,去做点儿自己的事情,不参与他们的"交锋"。同时,你可以尽量让自己保持中立,不偏袒他们中的任何一方。

在争吵过后,如果你有什么想说的,可以找他们倾诉一下,让爸爸妈妈了解你的想法,让他们为自己的行为负责。

THINKING 04
行成于思

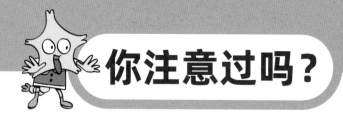

你注意过吗？

撰文：豆豆菲

从团团的心理世界走出来，
我们来关注一下身边的世界吧！

你身边的人，谁是你的好朋友？你能跟他们成为好朋友的原因是什么？

在跟朋友的相处中，你们有吵架的时候吗？吵架之后，你会怎么处理？

你们家有几口人？如果用一句话分别描述一下你的家人，你会怎么形容他们？

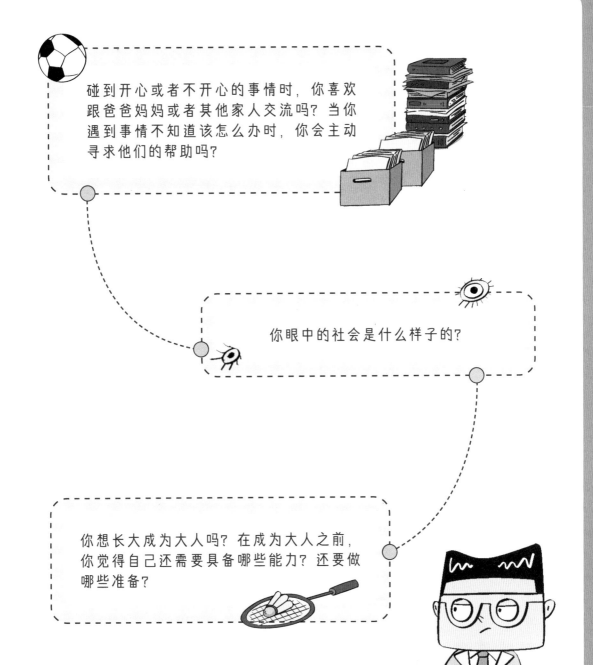

碰到开心或者不开心的事情时，你喜欢
跟爸爸妈妈或者其他家人交流吗？当你
遇到事情不知道该怎么办时，你会主动
寻求他们的帮助吗？

你眼中的社会是什么样子的？

你想长大成为大人吗？在成为大人之前，
你觉得自己还需要具备哪些能力？还要做
哪些准备？

名词索引

致 谢

《课后半小时 中国儿童核心素养培养计划》是一套由北京理工大学出版社童书中心课后半小时编辑组编著，全面对标中国学生发展核心素养要求的系列科普丛书，这套丛书的出版离不开内容创作者的支持，感谢米莱知识宇宙的授权。

本册《社会交往 培养高情商》内容汇编自以下出版作品：

[1]《欢迎来到我的世界：社交不迷茫》，电子工业出版社，2022 年出版。

图书在版编目（CIP）数据

课后半小时 : 中国儿童核心素养培养计划 : 共31册/
课后半小时编辑组编著. -- 北京 : 北京理工大学出版社, 2023.5
　　ISBN 978-7-5763-1906-4

　　Ⅰ.①课… Ⅱ.①课… Ⅲ.①科学知识—儿童读物
Ⅳ.①Z228.1

中国版本图书馆CIP数据核字(2022)第233813号

出版发行 / 北京理工大学出版社有限责任公司
社　　　址 / 北京市海淀区中关村南大街5号
邮　　　编 / 100081
电　　　话 / （010）82563891（童书出版中心）
网　　　址 / http://www.bitpress.com.cn
经　　　销 / 全国各地新华书店
印　　　刷 / 雅迪云印（天津）科技有限公司
开　　　本 / 787毫米×1092毫米　1 / 16
印　　　张 / 83.5
字　　　数 / 2480千字　　　　　　　　　　　　　　　　责任编辑 / 李慧智
版　　　次 / 2023年5月第1版　2023年5月第1次印刷　　文案编辑 / 李慧智
审　图　号 / GS（2020）4919号　　　　　　　　　　　责任校对 / 刘亚男
定　　　价 / 898.00元（全31册）　　　　　　　　　　责任印制 / 王美丽